Valeria Riguzzi

Piròn e la vecchia Bologna

Piròn and old Bologna

MNAMON

Indice

Premessa 9
Piazza Malpighi 11
Dal Torresotto di Porta Nuova a via Mario Finzi 14
Da via Barberia a via Nosadella 16
Piròn e i frati 19
Da via del Fossato a vicolo della Neve 22
Via Ca' Selvatica e via Santa Caterina 25
Cari portici… 27
La storia vera di Piròn 29

Introduction 39
Piazza Malpighi 41
From the Gateway of Porta Nuova to
via Mario Finzi 44
From via Barberia to via Nosadella 46
Piròn and the monks 49
From via del Fossato to vicolo della Neve 52
Via Ca' Selvatica to via Santa Caterina 55
Dear porticos… 57
The real story of Piròn 59

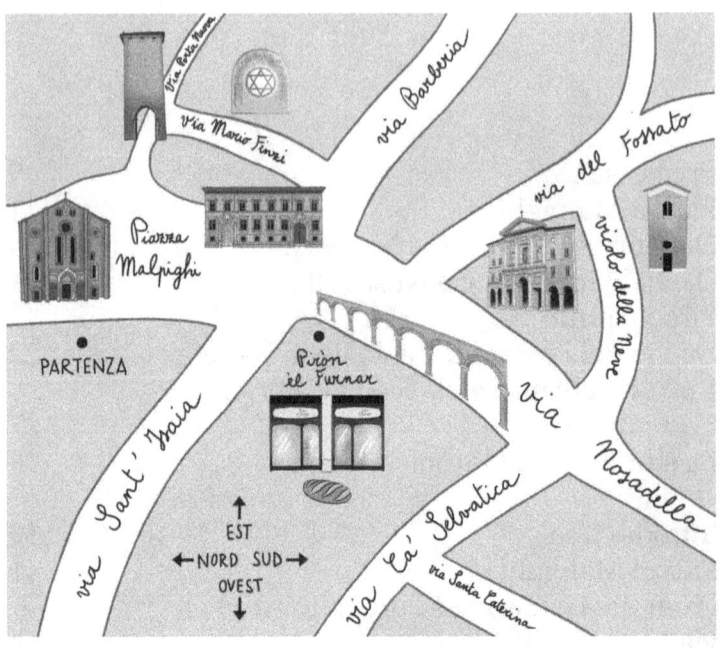

Piròn e la vecchia Bologna

Premessa

Con questo libretto si propone un piccolo itinerario storico-turistico, che intende far conoscere una zona circoscritta di Bologna, in cui si colloca il forno storico *Piròn el Furnàr di Angela Bai e Famiglia*.
Siamo in pieno centro storico, e precisamente in una zona immediatamente adiacente alla seconda cerchia muraria, dal lato di ponente della stessa.
L'itinerario è così articolato: muoveremo i primi passi partendo da **piazza Malpighi**, passeremo per **Porta Nuova**, percorreremo **via Mario Finzi** sbucando in **via Barberia**; ci dirigeremo quindi verso **via Nosadella**, che percorreremo dal lato sinistro fino a imboccare **via del Fossato**; svolteremo a destra per **vicolo della Neve**, quindi attraverseremo di nuovo **via Nosadella** per giungere in **via Ca' selvatica**, fino all'angolo con **via Santa Caterina**. Torneremo infine in **via Nosadella**, dove incontreremo *Piròn el Furnàr* dei nostri giorni, che ci racconterà la sua storia.
A metà percorso circa ci sarà una sorpresa, un piacevole aneddoto per allietare la vostra gita.
Felici di accompagnarvi in questa passeggiata, ci auguriamo che la gita vi sia infine gradita.
Si ringrazia immensamente il Comune di Bologna che ha permesso la realizzazione di questo progetto, nonché le sue spettacolari Biblioteche, aperte a tutti alla consultazione.
Questo piccolo lavoro, pur essendosi avvalso di alcune fonti storiche imprescindibili, in primis delle *Cose notabili della città di Bologna* di Giuseppe Guidicini, si presenta nella veste di un'opera semplificata, divulgativa, senza

alcuna pretesa, proponendosi unicamente lo scopo di suscitare l'interesse per le cose che furono.

Piazza Malpighi

Cominciamo il nostro itinerario da **piazza Malpighi**, oggi comodo luogo di ritrovo per comitive e pullman. La piazza è chiamata così in onore di Marcello Malpighi, medico e biologo del diciassettesimo secolo, sostenitore del metodo sperimentale e abilissimo nell'utilizzo del microscopio. A lui è attribuita la scoperta dei globuli rossi presenti nel sangue, ed è annoverato anche tra i fondatori dello studio al microscopio dei vegetali.

Anticamente la piazza si chiamava Seliciata di San Francesco, e fu costruita nel tredicesimo secolo. Il nome «seliciata» deriva dal fatto che nacque colmando e selciando il vecchio fossato che si estendeva al di fuori della seconda cerchia muraria della città, la cerchia dei Mille, nel lato di levante della piazza, di cui rimane visibile il Torresotto di Porta Nuova, che attraverseremo tra poco. Quando, a distanza di qualche secolo, sorse il portico della piazza, la fiancheggiava per tutto il lato di ponente, e non permetteva la visione delle tombe dei glossatori e dell'abside della Chiesa di San Francesco, che oggi invece potete ammirare. L'edificio che comprende il portico era sede del Convento di San Francesco, al cui interno è presente ancor oggi l'antico chiostro, risalente al 1460. Lungo il portico le lunette presentano un ciclo di affreschi seicenteschi raffiguranti episodi della vita di Sant'Antonio da Padova, opera di artisti della scuola bolognese del tempo, tra cui ricordiamo, solo per citarne alcuni, Alessandro Tiarini, Michele Colonna, Pier Francesco Ferranti. Sant'Antonio, infatti, fu lettore all'Università di Bologna e insegnò teologia ai frati.

La **Basilica di San Francesco** fu la prima chiesa in Italia dedicata al grande santo d'Assisi. Nel 1222 il santo tenne un discorso pubblico a Bologna, e di lì a poco il Comune donò ai frati minori una terra per costruirvi la chiesa. L'architetto che la progettò si ispirò al gotico francese, per l'interno, mentre la facciata è romanica. La chiesa ebbe molte vicissitudini, venne più volte sconsacrata – ad opera anche di Napoleone Bonaparte, nel periodo in cui fu re d'Italia, che ne fece un magazzino doganale –, ma finalmente, sul finire dell'ottocento, fu oggetto di un grande restauro ad opera di Alfonso Rubbiani e venne riaperta al culto. Durante la seconda guerra mondiale subì pesanti bombardamenti e si resero necessari ulteriori restauri.

Le tre **tombe dei glossatori**, che potete vedere, risalenti al tredicesimo secolo, accolgono Accursio e suo figlio Francesco, Odofredo e Rolandino dei Romanzi. I glossatori erano giuristi appartenenti alla Scuola di Bologna, fondata da Irnerio, celebrato come *lucerna iuris*, ossia lume del diritto, che ebbe la grande intuizione di opporre al particolarismo medievale lo spirito unificatore del diritto romano. La scuola si dedicava infatti principalmente all'esegesi del *Corpus iuris civilis* di Giustiniano, commentandolo mediante l'apposizione delle glosse, note esplicative che ne attualizzavano il contenuto, da cui deriva appunto il termine «glossatori».

Per quanto riguarda la struttura, i mausolei presentano un tetto a forma piramidale, retto da colonnette poggianti su un basamento, sopra il quale si colloca l'arca sepolcrale. Se ci accostiamo a quella di Accursio, la più vicina all'imbocco del portico, possiamo leggere distintamente l'iscrizione: SEPULCRUM ACCURSI GLOSATORIS LEGUM FRANCISCI EIUS FILII, sepolcro di Accursio, glossatore delle leggi, e di suo figlio Francesco.

Attraversando la Piazza in direzione di Porta Nuova, incontriamo la **colonna dell'Immacolata** progettata da

Francesco Dotti, con la statua in rame di Giovanni Tedeschi, realizzata nel diciassettesimo secolo.

Prima di immetterci in via Porta Nuova si noti, in alto a sinistra, la **lapide in ricordo dell'avvocato Giorgio Maccaferri**, caduto per la libertà durante la seconda guerra mondiale. Quando i fascisti scoprirono che Maccaferri aveva aderito al Movimento di liberazione, lo torturarono a morte e abbandonarono il suo corpo in questo luogo.

Dal Torresotto di Porta Nuova a via Mario Finzi

Ed eccoci al **Torresotto di Porta Nuova**, il serraglio aperto nella seconda cinta muraria, oggi quasi completamente abbattuta. È una delle quattro fortificazioni rimaste sul totale di diciotto, quante erano in origine, della cerchia muraria dei Mille, edificata nel dodicesimo secolo. Qui si dice che abitò una certa Gentile Budrioli, una nobildonna che venne accusata di stregoneria, condannata dal Tribunale dell'Inquisizione – che a Bologna era in San Domenico – e arsa al rogo verso la fine del quindicesimo secolo. Il nome del serraglio deriva dalla strada su cui si apre, appunto via Porta Nuova, percorrendo la quale si giunge direttamente in Piazza Maggiore in meno di dieci minuti.

Il nostro percorso prosegue svoltando subito a destra, nella **via** dedicata a una vittima dell'Olocausto, **Mario Finzi**, musicista e magistrato di origini ebraiche che si impegnò nella Resistenza, aiutando gli ebrei che fuggivano dalle persecuzioni, fornendo loro documenti falsi e rifugio. Fu arrestato nel '44 e trattenuto nel carcere di San Giovanni in Monte, l'ex convento attiguo alla chiesa omonima, a Bologna, quindi trasferito nel campo di concentramento di Fossoli, in provincia di Modena, poi spedito in Germania, dove morì ad Auschwitz. Era il triste percorso che da Bologna portava ai campi di concentramento, in Germania. Ricordiamo che nel 1985 il carcere è stato trasferito alla Dozza, nella periferia di Bologna, e San Giovanni in Monte, dopo il restauro, è divenuto sede dei dipartimenti universitari di Storia e Archeologia.

Percorrendo la via troviamo, sulla facciata della Sinagoga di Bologna, la **lapide in ricordo delle vittime della Shoah**, che si apre con questo versetto tratto dal libro del-

le Lamentazioni: «Deh, ascoltate o popoli tutti ed osservate il mio dolore». Leggiamone uno stralcio: «La comunità israelitica di Bologna a perpetuo ricordo del suo rabbino e dei suoi membri, deportati senza ritorno, dei sei milioni di fratelli vittime dell'esecrando odio razziale, a testimonianza della civiltà offesa, ad esaltazione degli eterni ideali di libertà di giustizia di pace...».
Poco più avanti, sempre sulla sinistra, incontriamo il **Monastero Ortodosso di San Serafino di Sarov**; si noti il piccolo crocifisso posto al di sopra della finestra ovale.
Prima di svoltare a destra su via Barberia, ricordiamo che l'antico nome della via che abbiamo appena percorso, come si legge dalla targhetta, era vicolo Tintinaga, parola che in dialetto bolognese significa «inconcludente», e ancor prima via Rocca Merlata, perché costeggiava le mura merlate della seconda cerchia muraria.

Da via Barberia a via Nosadella

Siamo ora in **via Barberia**. L'etimologia del nome è incerta: una delle ipotesi più accreditate è quella che la associa al termine «barbaro», nel senso che in questa contrada risiedevano perlopiù stranieri, da cui il nome. Alla nostra destra abbiamo **Palazzo Dondini**, acquisito dalla famiglia senatoria Dondini-Ghiselli nel diciottesimo secolo, da cui prende il nome. Il progetto del palazzo è di Antonio Torreggiani, sulla casa merlata preesistente, e comprende anche il giardino sopraelevato che dà su piazza Malpighi, il quale un tempo era una cavallerizza.
Portandoci sull'altro lato di via Barberia, attraversando la strada, di fronte al suddetto Palazzo Dondini, ci ritroviamo davanti all'edificio che fu Casa Dondini, situato precisamente su via Barberia 34 e via Nosadella 2. Si tenga a mente questo edificio.
Entriamo quindi in **via Nosadella**, costeggiando sempre Casa Dondini, mantenendoci dal lato della numerazione pari. La via deve il suo nome al fatto che sorse su un noceto, e la sua esistenza è documentata già dalla fine del tredicesimo secolo. Si estende da piazza Malpighi fino al cinquecentesco Palazzo Albergati, all'angolo con via Saragozza. In questa via abitò il celebre pittore manierista **Giovanni Francesco Bezzi**, detto **il Nosadella,** di cui ricordiamo il dipinto *La Vergine col Bambino in gloria*, nell'oratorio di Santa Maria della Vita, in via Clavature, a pochi passi da Piazza Maggiore, e, sempre nella stessa chiesa, ricordiamo il celebre *Compianto del Cristo morto* di Niccolò dell'Arca, sette statue a grandezza naturale realizzate in terracotta nel quindicesimo secolo.
Via Nosadella fu sempre caratterizzata dall'insediamen-

to di ordini e compagnie religiose. Al numero 4, il civico che si raggiunge attraversando via del Fossato, sorge il **Santuario di Santa Maria Regina dei Cieli o della Madonna dei Poveri**, eretto alla fine del sedicesimo secolo, e dal 1912 affidato ai Sacerdoti del Sacro Cuore fondati da padre Dehon, da cui il nome dehoniani. Prima era un ospizio per viandanti e pellegrini, gestito dalla compagnia di Santa Maria delle Laudi, e in seguito subentrò un'altra compagnia, dedicata a Maria Santissima, che si ispirava ai precetti cristiani di pietà, umiltà e pace. I confratelli erano molto poveri, così la chiesa venne chiamata anche Madonna dei Poveri.

Tutta la zona era flagellata frequentemente dalle epidemie, e così molti andavano a pregare la *Madonna col bambino*, custodita nella chiesa, che cominciò ad accogliere sempre più fedeli. L'immagine della Madonna veniva portata in processione fino alla Basilica di San Petronio, per la benedizione annuale, in occasione della festa del raccolto: era una processione molto partecipata, analoga a quella della Madonna di San Luca. Ricordiamo anche che, fino alla metà dell'Ottocento circa, prima del rifacimento di Porta Saragozza, la Madonna di San Luca sostava proprio qui, al santuario della Madonna dei Poveri, sulla via del ritorno al Colle della Guardia. Tutt'ora la Madonna di San Luca, al ritorno, passa per via Nosadella, e per onorarla ancora oggi si espongono i drappi alle finestre.

Guardando la facciata della chiesa, comprendente anche il portico cinquecentesco, si vede chiaramente che l'edificio consta di due piani, al piano terra la chiesa e al piano superiore l'oratorio. Le statue, del diciannovesimo secolo come pure la facciata, rappresentano San Giovanni Battista e Giovanni Evangelista.

All'interno particolare menzione meritano i resti di un affresco del quindicesimo secolo della *Madonna con Bambino e Santi*, tuttora visibile. Menzioniamo anche il pregiato organo del 1668, ad opera del modenese Traeri, i dipinti seicenteschi di Lionello Spada, Lucio Massari e Giovanni Francesco Gessi ai lati e, sull'altare maggiore, la *Madonna dei Poveri* attribuita a Tiburzio Passerotti.

Piròn e i frati

È proprio in questi luoghi, nel tardo Ottocento, che viveva e lavorava il nostro fornaio. Diciamo viveva e lavorava perché, all'epoca, un artigiano lavorava giorno e notte, senza sosta, dormiva nella bottega e il lavoro era durissimo. Basti pensare al fatto che, per quanto riguarda l'illuminazione, i lampioni – in dialetto bolognese *lampiòn* – erano a gas ed erano presenti solo in alcuni punti della città – nella nostra zona in piazza Malpighi –; il combustibile era rappresentato dalla legna o dal *carbon coke*; e il rifornimento idrico era ancora problematico, poiché l'acquedotto romano venne ripristinato solo nel 1881, ma continuavano ad essere utilizzati i canali per il rifornimento di acqua destinata a molti usi, talvolta pure alimentari, e l'acqua da bere che si attingeva dai pozzi era anch'essa inquinata dalle perdite della rete fognaria, per cui le condizioni igieniche erano assai precarie. Si ricordi anche che i mezzi di trasporto erano trainati da cavalli e bestie da soma in genere, quando le merci non venivano portate «a spalla», e sempre in quegli anni si cominciò a costruire la rete tranviaria le cui carrozze erano trainate da cavalli. Per l'avvento dell'elettricità bisognerà aspettare gli inizi del secolo successivo.
Tornando al nostro Piròn, proprio al numero 2 di via Nosadella, di cui abbiamo accennato prima, gli antichi registri immobiliari menzionano, oltre a un tabaccaio e un acquavitaro, cioè un distillatore e venditore di liquori, un forno; inoltre, una famosa **canzone di Carlo Musi** – attore dialettale e canzonettista che visse a cavallo tra Ottocento e Novecento –, intitolata *Piròn el Furnàr*, del 1883, lo colloca proprio «In prinzéppi dla Nusadèla, quèsi indrétt a

Sant Isî», ossia all'inizio di via Nosadella, quasi di fronte a via Sant'Isaia, che è la strada che via Nosadella incrocia dal lato sinistro, vale a dire la prosecuzione di via Barberia. La prima strofa della canzone recita così:

In prinzéppi dla Nusadèla,
quèsi indrétt a Sant Isî,
ai stà al nòster bèl Piròn
quall ch'vannd al pan. [...]

che tradotta in italiano diventa: «In principio della Nosadella / quasi diritto a Sant'Isaia / ci sta il nostro bel Pietrone / che vende il pane».

La canzone, oltre ad avere come protagonista il nostro Piròn, ha come interlocutore attivo i frati della chiesa attigua, vale a dire presumibilmente i frati del Santuario della Madonna dei Poveri, al numero 4 di via Nosadella, di cui abbiamo appena parlato. In occasione del passaggio della processione della Madonna di San Luca, per la Festa degli Addobbi, i padri rinchiudono Piròn in convento, a pregare con loro. Piròn ha alzato il gomito e i padri gli hanno fatto un bello scherzo. Il nostro eroe sostiene di non essere un frate, e infatti non sa nulla di preghiere, ma di essere Piròn, e invita il padre superiore a controllare nella sua bottega, in via Nosadella: se là non c'è Piròn, il padre dovrà trarre le dovute conseguenze. Ma il superiore, che vuole tirarla per le lunghe, insinua invece che Piròn sia in bottega a lavorare. A quel punto Piròn, per uscire dall'impasse, la risolve nel migliore dei modi, dicendo che allora può darsi che non sia più lui! Infatti la strofa finale così recita:

«Se per caso Pietrone ci fosse
in bottega a lavorar?».
«E me alàura in st chès che qué
a n sàn pió mé, a n sàn pió mé!

A n sò brîsa pròpri d bàn
s'a sàn da bûrla opûr da bàn».

La risposta di Piròn al padre superiore, tradotta in italiano, suona così: «E io, allora in questo caso qui / non sono più io, non sono più io. / Non so proprio tanto / se sono da scherzo o davvero».

Ricordiamo che la canzone apparve nel primo 33 giri in dialetto di Dino Sarti, il grande cantore di Bologna, pubblicato nel 1972. Il disco riscosse un grande successo su scala nazionale, portando alla ribalta Bologna e il suo cabaret.

Da via del Fossato a vicolo della Neve

Lasciamo smaltire a Piròn la sua allegrezza e riprendiamo il nostro percorso, imboccando **via del Fossato**. Come dice il nome, si tratta del fossato che costeggiava la cerchia muraria dei Mille, che abbiamo più volte menzionato. L'antico nome della via era Fregatette, come si può vedere dall'iscrizione sottostante la targa, sulla cui origine ci sono un paio di ipotesi: una fa riferimento al fatto che si trattava di una via molto angusta – ve ne erano diverse a Bologna con lo stesso nome – in cui i tetti in alcuni punti erano molto vicini, quasi a sfiorarsi; la seconda ipotesi invece chiama in causa le usanze delle prostitute, che a Bologna giungevano da tutta Italia da quando la città, dopo la fondazione dell'Università nel 1088, aveva visto aumentare a dismisura la popolazione, divenuta all'epoca pari a quella di Parigi.
Ricordiamo che a Bologna, in passato, la formazione di **odonimi**, cioè dei nomi delle strade e delle piazze, non era regolata da norme, per cui i luoghi pubblici prendevano il nome ad esempio da chi ci abitava – abbiamo visto che presumibilmente via Barberia era abitata da stranieri, da barbari –, dalle piante che vi si trovavano – è il caso della nostra via Nosadella, un fitonimo che deriva dalla presenza di un noceto, ma anche, per fare un altro esempio, di via Frassinago, che si trova nei paraggi –, dalla fama che avevano alcuni luoghi. In particolare le vie che stiamo percorrendo concentravano insieme il sacro e il profano: erano dimora di compagnie religiose e ordini, di ospizi per i poveri e di ospedali, di commercianti, di studenti e prostitute. Ecco perché con la Controriforma, dopo la metà del sedicesimo secolo, alcuni nomi malfa-

mati vennero ribattezzati, come nel caso di via Fregatette che divenne via del Fossato. Dopo aver accennato a queste amenità, inoltriamoci nella via; poco più avanti, sulla sinistra, si noti **un pezzo scoperto delle antiche mura dei Mille**, in cui è ben visibile un arco. Proseguendo ancora, abbiamo, sempre sulla sinistra e alzando un po' lo sguardo, una **nicchia con Sant'Antonio**, all'incrocio con **vicolo Stradellaccio**. Spendiamo un paio di parole su questo vicolo, che non percorreremo. Anticamente, sulla destra, sorgeva una torre – sappiamo che Bologna ne contava circa un centinaio –, chiamata torre dei Gualenghi, dal nome della famiglia a cui apparteneva, e il vicolo si chiamava appunto via Torre dei Gualenghi.

In epoca medievale, per ragioni di difesa poi di prestigio, si cominciarono ad innalzare **torri**, che assolvevano fondamentalmente alla funzione di avvistamento del nemico. Ma di lì a pochi secoli molte torri cominciarono a crollare, per mancanza di ristrutturazioni e a causa di interventi sbagliati, per cui spesso vennero capitozzate, ossia ridotte in altezza, dando così luogo alle **altane**; trattandosi di strutture di complemento all'abitazione sottostante, le altane riuscivano comunque ad adempiere alla funzione di osservatorio e spesso venivano destinate anche all'allevamento di colombi. Dal punto di vista strutturale, possono essere provviste di tetto e muri oppure configurarsi come terrazze coperte o scoperte. Nella zona in cui ci troviamo, per avvistarle basta alzare lo sguardo; ripercorrendo a ritroso il nostro itinerario, potrete individuarne facilmente alcune, ad esempio quella di **Palazzo Monti**, in via Barberia, all'incrocio con via Cesare Battisti, che presenta una dimensione inusitata, configurandosi quasi come un mastio, raggiungendo un'altezza di oltre venti metri, e provvista di finestroni con arco a tutto tondo. Se poi percorrerete via Nosadella fino alla fine, giungendo in via Saragozza, potrete scorgere l'altana di **Palazzo Albergati**. Si noti che, rispetto alle dimensioni del palazzo e contrariamente alle consuetudini rinascimentali, l'altana è di dimensioni modeste – questo presumibilmente perché sarebbe risultata troppo indiscreta data la presenza, dirimpetto, dell'allora convento di clausura.

Da via del Fossato svoltiamo alla nostra destra e imbocchiamo **vicolo della Neve**. Il nome deriva dalla **Chiesa di Santa Maria della Neve**, al numero 5, risalente al diciassettesimo secolo, chiusa al culto dal governo filo napoleonico della città. Prima vi era una piccola chiesa, chiamata Madonna dell'Orto – il cui nome ci dice qualcosa sul territorio circostante. Sorse verso la fine del quindicesimo secolo, e nel tempo divenne sede della Compagnia di Santa Maria della Neve. Quest'ultima fu aggregata all'Arciconfraternita romana di Santa Maria della Neve che diede il via alla ricostruzione della chiesa, sovrapponendovi l'oratorio con decorazioni dei fratelli Rolli, ad oggi visibili. L'origine dell'Arciconfraternita viene fatto risalire tradizionalmente all'apparizione della Vergine a due coniugi romani: per indicare loro dove costruire la Chiesa di Santa Maria Maggiore, a Roma, la Madonna fece scendere la neve in quel punto preciso, in pieno agosto.

Via Ca' Selvatica e via Santa Caterina

Alla fine del vicolo, attraversiamo via Nosadella e immettiamoci in **via Ca' Selvatica**. Il nome può riferirsi tanto alla vegetazione circostante, dato che c'erano molti alberi nella zona, quanto, in senso figurato, ai rami selvatici di una città, quelli che crescono da sé, e dunque anche alla gente che nasceva senza nome, al di fuori delle famiglie censite o comunque al di fuori dei percorsi consueti: si dice infatti che fosse luogo destinato alla dimora delle meretrici. Nel periodo della Controriforma si tentò di ribattezzarla con il nome di via delle Suore degli Angeli, per la presenza di tale ordine monastico nel complesso che si estende dal lato sinistro di Ca' Selvatica fino a via Nosadella, ma il tentativo nel tempo fallì, e tutt'oggi il suo nome resta Ca' Selvatica.

Addentrandoci nella via, fino all'incrocio con via Santa Caterina, si noti, sul lato destro, l'**edicola votiva con la statua della Madonna** e la targhetta sovrastante, in cui si leggono le seguenti parole: «Addì 22 luglio 1855, in questa via cessò il morbo del colera per grazia di Maria». Nell'estate di quell'anno infatti, era scoppiata un'epidemia di colera che aveva mietuto migliaia di vittime. All'epoca il colera era una malattia pressoché sconosciuta nelle sue cause, per cui molti erano scappati nelle campagne per sfuggire al morbo e le autorità pubbliche cercavano di correre ai ripari, aprendo ospedali e lazzaretti, ma incontravano forti difficoltà per le pessime condizioni igieniche in cui versava la città – alle quali abbiamo già fatto accenno nel nostro percorso. Non si sapeva ancora che il colera si diffonde particolarmente attraverso le acque contaminate.

A questo punto, prima di tornare su via Nosadella, spendiamo un paio di parole su **via santa Caterina**, che non percorreremo. Il nome deriva dalla Chiesa di Santa Caterina, edificata nel tredicesimo secolo. Sul lato di sinistra scorgiamo le mura sorte per proteggere la clausura del monastero, mentre sulla destra abbiamo il basso portico duecentesco. In passato si chiamava via Pizzamorti, forse perché vi abitavano dei becchini, poi via Borgo degli Sbirri, perché vi risiedevano le guardie con le loro famiglie. Ancor oggi la via a volte viene chiamata affettuosamente dai bolognesi Borghetto di Santa Caterina o via del Borghetto.

Cari portici...

Percorrendo a ritroso via Ca' Selvatica, eccoci di nuovo all'incrocio con via Nosadella: prima di svoltare a sinistra e andare a incontrare la figlia di **Piròn el Furnàr**, Angela, al numero 7/ A, nella sua bottega, spendiamo un paio di parole sui portici di Bologna.

I primi **portici** sorsero nel medioevo, dall'iniziativa di privati che incominciarono a coprire gli spiazzi antistanti le abitazioni che davano sulla strada, al fine di ampliarle e di proteggersi meglio dal freddo. Tali «sporti», ossia sporgenze, da cui il nome portici, si ottenevano semplicemente allungando le travi dei solai al primo piano, puntellandole in diagonale e poggiando il tutto su colonne. Inizialmente si era pensato solo di ampliare le abitazioni, che erano sempre troppo anguste, e in un secondo tempo si pensò a come sfruttarli commercialmente. Si cominciò con l'offrire ospitalità a pagamento a chiunque ne avesse bisogno, dai visitatori occasionali agli studenti, che convergevano numerosi a Bologna grazie all'Università. Inoltre per gli abitanti della città erano utilissimi, perché in tal modo potevano evitare di percorrere le strade battute dai carri e dagli animali da traino. Con il passare del tempo la città impose delle regole a cui i portici dovettero uniformarsi, diventando così spazi privati ad uso pubblico: le prime strutture in legno lasciarono spazio a quelle in pietra e, per quanto riguarda l'altezza, dovevano far sì che ci passasse un uomo a cavallo. A Bologna è rimasto ancora qualche portico in legno, ad esempio quello **in via del Carro**, a due passi dalle due Torri.

I portici di via Nosadella risalgono al tardo medioevo; sono piuttosto bassi – come si può notare – continui e ricchi di accorgimenti prospettici.

La storia vera di Piròn

Svoltiamo dunque a sinistra mantenendoci sotto il portico, sul lato della numerazione dispari, e mentre ci dirigiamo verso il negozio di **Piròn el Furnàr**, al **numero 7/ᴬ**, vi racconteremo la sua storia.

Il nostro fornaio, il signor Luciano, nasce negli anni trenta del secolo scorso, e comincia a lavorare, come era allora consuetudine, quando è ancora un bambino, all'età di dieci anni circa. All'inizio, subito dopo la guerra, lavora presso un ortofrutta, ma non gli piace stare al freddo e capisce ben presto che non è quella la sua strada. Così, cerca e ricerca, approda a un forno, ambiente per lui molto più caldo e accogliente, e comincia il suo mestiere.
Negli anni della ricostruzione è garzone al Panificio Lambertini, che all'epoca conta ben sette botteghe nel centro storico, tra panifici e bar: va in giro per la città a consegnare il pane due volte al giorno, in bicicletta: la mattina presto, per le colazioni, e verso mezzogiorno, per il pranzo. All'epoca il pane è alla base dell'alimentazione, e chi fa questo mestiere conosce davvero tutti. Al lavoro è ben voluto e spesso riceve, oltre alla paga, una bottiglia di vino.
Poi arriva il miracolo economico. A Piròn sembra un sogno: fa il commesso al forno Lambertini, è vestito di tutto punto e sta in mezzo alla gente, cosa che ama da sempre. È molto socievole, allegro e sempre pronto alla battuta. Vuole imparare tutto, è mosso da una grande curiosità ed è un vulcano, ne pensa una al giorno. Ha una grande forza interiore che lo muove dentro, un immenso desiderio di riscatto: vuole dimostrare a se stesso e agli altri che anche lui vale, anche se non ha studiato ed è nato

in una famiglia povera. I suoi stipendi vanno in casa, ad aiutare sua madre, finché ne avrà bisogno e così passano tanti anni.
Lavora un anno circa al Forno delle sorelle Simili, in via San Felice, finché non incontra un certo signor Rondelli, che aveva due forni, uno in via Turati e uno nei pressi di Porta Lame, il quale gli chiede di gestire quest'ultimo. Ormai è un uomo fatto e diventa gerente della bottega. È il posto che amerà di più, di cui porterà sempre con sé il ricordo. Lo cura in ogni suo aspetto: cambia le vetrine, si occupa degli ordini, va a prendere il pane e lo consegna, ormai in auto, non più in bicicletta. È un grande salto.
Quando il titolare, divenuto anziano, si ritira dal lavoro, offre a Piròn la possibilità di prendere il suo posto nel negozio di via Turati. Sarà lì che conoscerà la sua futura moglie, la signora Rosanna, con cui starà insieme per tutta la vita. Nella famiglia di lei sua mamma fa la sfoglina e le figlie le commesse al panificio: due famiglie bolognesi da sempre presenti nel settore.
Piròn ci tiene anche a migliorare la qualità della vita: il suo è il primo forno a chiudere un giorno la settimana, la domenica. Fino ad allora i forni stavano aperti tutti i giorni, domenica compresa, in cui si faceva mezza giornata, fino alle tre del pomeriggio. La vita del fornaio comincia alle nove della sera e finisce verso le undici della mattina dopo, e a volte, con la doppia e la tripla, si finisce anche alle tre del pomeriggio del giorno seguente; inoltre, i forni sono ancora alimentati a carbone, come nell'ottocento.
Dopo qualche anno il signor Luciano approda in via Nosadella, che diventa praticamente la sua casa. Nel 1967 compra dalla famiglia Lambertini la licenza del panificio e per un paio d'anni la lascia a suo cognato, mentre lui gestisce ancora il forno di via Turati, quindi subentra a tutti gli effetti. All'epoca è un negozio depresso in tutti i sensi, da rilanciare e da rinnovare: il forno dove si cuoce il pane è strutturato ancora con la buca, all'antica, ossia per infornare bisogna scendere alcuni gradini. È una fatica in più che si aggiunge alla vita tutt'altro che facile del fornaio. Ma la sua volontà è grande: si fa conoscere, risolleva le

sorti del negozio e lo ristruttura più volte, fino all'arredamento che si vede oggi.

Il signor Luciano è anche un uomo molto sveglio e informato, attento agli avvenimenti del tempo ed è pure un gran burlone. Accenniamo alla Beffa di Livorno, nel 1984, quando, in occasione del centenario della nascita di Amedeo Modigliani, il Museo Progressivo di Arte Moderna di Livorno allestisce una mostra in suo onore e dà il via agli scavi nel Fosso Mediceo, dove si diceva che Modigliani avesse gettato alcune sue sculture, in un momento di sconforto. Dopo ben otto giorni, quando ormai si erano perse le speranze, affiorano tre sculture di pietra, raffiguranti delle teste. I critici, e con essi l'Italia, si dividono in due: chi le attribuisce a Modigliani e chi invece grida al falso. Ma il risultato per il Comune di Livorno è strepitoso: giungono turisti e media da tutto il mondo per ammirare i ritrovamenti. Accade però che, nella giornata in cui si intende consacrare il valore della scoperta, tre giovani di Livorno dichiarano di essere gli autori di una delle tre sculture e di averla scolpita non con lo scalpello bensì con il trapano elettrico!

Il nostro Piròn, che frequenta molte persone, conosce anche un famoso antiquario di Bologna. I due imbastiscono una burla: fanno una scultura di pane, la mettono in vetrina e scrivono un cartello: «Questo è l'autentico Modigliani fatto da Piròn». Arriva un giornalista del Resto del Carlino e fotografa l'opera. Alla sera del lunedì, su RAI 1, al telegiornale, a proposito della Beffa di Livorno viene citato Piròn, fornaio di Bologna, che ha seguito nella burla i ragazzi. Lui è felicissimo, tutti lo chiamano al telefono e gli fanno i complimenti; lascia la scultura per mesi in vetrina e tutti passano a guardarla e a fotografarla, cosa davvero eccezionale per quegli anni.

Il signor Luciano ha anche un occhio artistico, è amante del bello. Compra per sua figlia, quando è ancora una bambina, un quadro di Bruno Saetti, dipinto nel 1936, a cui il pittore era molto affezionato, perché gli ricordava un periodo particolarmente felice della sua vita: si tratta di un olio raffigurante una mucca con il suo vitellino. In quell'occasione, ricorda la figlia

Angela, il pittore le disse che suo padre le aveva fatto proprio un bel regalo e che quello per lei era davvero un bell'inizio nel mondo dell'arte.
Angela ha raccolto in tutti i sensi l'eredità del padre. Oggi è Lei che conduce la bottega, con la mamma Rosanna, il marito Werther e i suoi dipendenti. Per restare al passo con i tempi ha fatto molti corsi di panificazione, pasticceria e cioccolata, affinando così le sue competenze ed ampliando notevolmente la gamma dei suoi prodotti artigianali. Per citare solo uno dei risultati che ha conseguito, nel 2014 ha vinto, a pari merito con il Forno di Porta Lame, il primo premio per il miglior Panettone artigianale alla gara indetta dai Panificatori di Bologna in collaborazione con il Resto del Carlino. È stata davvero una grande soddisfazione per tutta la famiglia: si immagini la felicità di loro figlio, Elia, che allora era un bambinetto.
Una festa a cui non manca mai è quella del Pane, in occasione della quale addobba negozio e portico antistante con le sculture di sua produzione, una vera delizia per occhi e palato.

Trovate **Piròn el Furnàr** anche su *Facebook,* ma ora ce l'abbiamo proprio davanti: siamo **al numero 7/ᴬ di via Nosadella**, dove il personale è lieto di accogliervi con tutta la dolcezza e la perizia che lo contraddistingue. Augurandovi una buona visita, la mia compagnia termina qui. Grazie e arrivederci a tutti.

Grazie papà, mi suggerisce di scrivere in finale sua figlia Angela, e anch'io mi sento di aggiungere il mio grazie al signor Luciano, detto Piròn.

Piròn con la moglie Rosanna

Piròn and his wife Rosanna

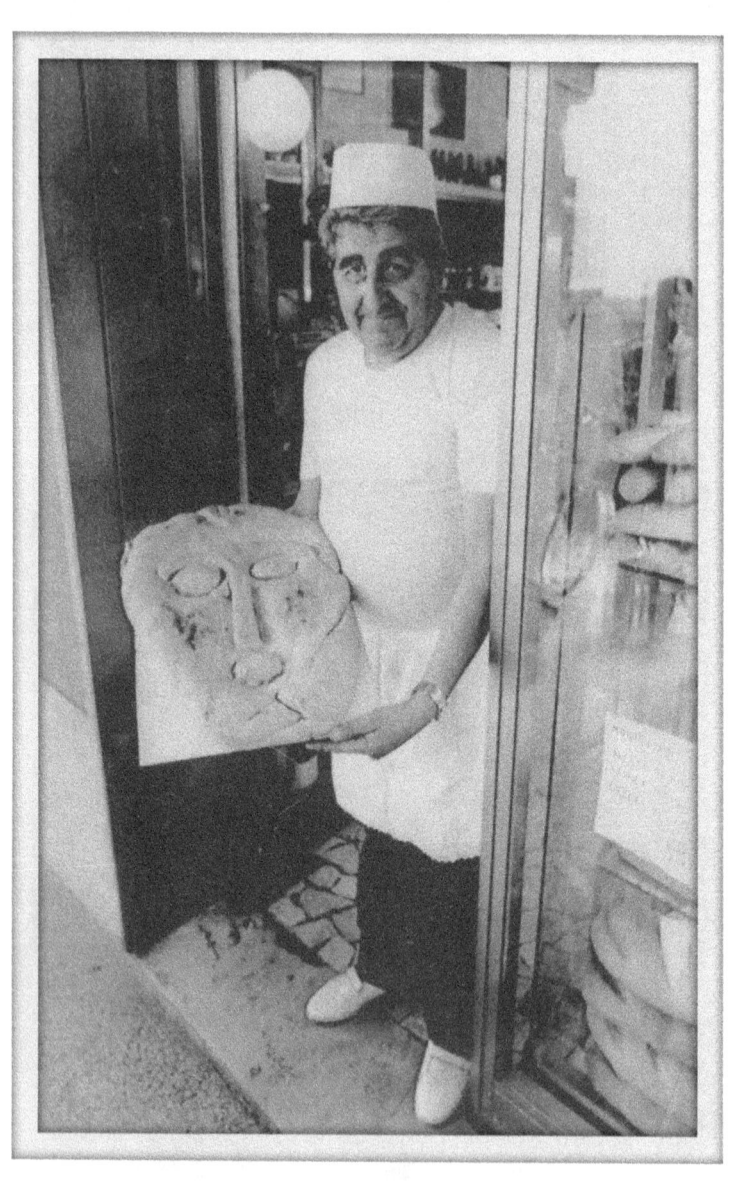

L'autentico Modigliani fatto da Piròn

The authentic Modigliani made by Piròn

Modella alla Festa del Pane

A model at the Feast of Bread

Piròn and old Bologna

Introduction

This booklet offers a brief historical-touristic itinerary to help you get to know a specific area of Bologna in which the historic bakery *Piròn el Furnàr of Angela Bai and Family* is situated.

We're in the middle of the old town, in an area immediately adjacent to the second circle of city walls on the west side to be precise.

The tour is structured as follows: we'll first walk towards **piazza Malpighi**, pass through **Porta Nuova**, walk along **via Mario Finzi** coming out onto **via Barberia**; then turn towards **via Nosadella**, which we'll follow on the left-hand side until we meet **via del Fossato**; turn right onto **vicolo della Neve**, then cross **via Nosadella** once more to arrive at **via Ca' Selvatica**, up to the corner with **via Santa Caterina**. We'll then turn onto **via Nosadella** to arrive at the modern-day *Piròn el Furnàr*, which will tell us its history.

Roughly halfway along the route there will be a surprise, an enjoyable anecdote to liven up your journey.

We are pleased to accompany you on this walk and hope that you will enjoy it.

We would like to thank the city of Bologna very much for allowing us to make this project happen, and also the spectacular libraries that are open to all.

This small project, though having made use of certain essential historical sources, first and foremost *Cose notabili della città di Bologna* by Giuseppe Guidicini, is intended as a simplified work, educational but not academic, and with the sole purpose of eliciting interest in times past.

Piazza Malpighi

We begin our tour in **piazza Malpighi**, which today is a convenient meeting point for tour groups and coaches. The square is named in honour of Marcello Malpighi, a doctor and biologist of the 17th century, a supporter of the experimental method and very skilled in the use of the microscope. He is credited with the discovery of red blood cells and is also counted among those who pioneered the microscopic study of plants.

In the past, the square was called Seliciata di San Francesco, and was built in the 13th century. The name, 'seliciata' (paving stone) comes from the fact that it was created while filling in and paving over the old moat that extended beyond the second ring of city walls, known as the Cerchia del Mille, on the east side of the square, of which the Torresotto (Gateway) of Porta Nuova is still visible, which we will pass through shortly. A few centuries ago, when the portico of the square first appeared, it ran along the whole of the west side and obscured the view of the tombs of the glossarists and the apse of the Basilica of St Francis that today you are able to admire. The building that includes the portico was the seat of the Convent of St Francis, inside which the ancient cloister from 1460 still resides. Along the portico the lunettes display a series of 16th-century frescos depicting episodes of the life of St Antonio of Padua, by artists from the school of Bologna of the time, including Alessandro Tiarini, Michele Colonna and Pier Francesco Ferranti, to name but a few. St Antonio, in fact, was a lecturer at the University of Bologna and taught theology to the monks.

The **Basilica of St Francis** was the first church in Italy dedicated to the great saint of Assisi. In 1222 the saint held a public speech in Bologna and soon afterwards the city gave the monks a piece of land to build the church. The architect who designed it was inspired by the French gothic style for the interior, while the façade is Romanesque. The church lived through many vicissitudes, was deconsecrated more than once – including once on the orders of Napoleon Bonaparte, during the period in which he was king of Italy, when he made it into a customs warehouse – but finally, at the end of the 18th century, it underwent a great restoration under the care of Alfonso Rubbiani and was reopened for worship. During the Second World War it suffered heavy bombing and further restoration was necessary.

The three **tombs of the glossarists** from the 13th century that you can see, bring together Accursio and his son Francesco, Odofredo and Rolandino dei Romanzi. The glossarists were jurists belonging to the Bologna School, founded by Irnerio, celebrated as a leading light of the law, who had the great intuition to oppose the specificity of medievalism with the unifying spirit of Roman law. The school was dedicated principally to the critical interpretation of the *Corpus iuris civilis* (Civil Body of Law) of Justinian, annotating it by attaching glosses, explanatory notes that supplemented the text, from which the term 'glossarist' is indeed derived.

As far as the structure is concerned, the mausoleums have pyramid-shaped roofs, supported by columns resting on a pedestal, above which the sepulchral arch is positioned. If we approach that of Accursio, the nearest one to the opening of the portico, we can clearly read the inscription: SEPULCRUM ACCURSI GLOSATORIS LEGUM

FRANCISCI EIUS FILII, tomb of Accursio, glossarist of laws, and of his son.

Crossing the square towards Porta Nuova, we come to the **Colonna dell'Immacolata** (the Column of the Immaculate) designed by Francesco Dotti, topped with a copper statue by Giovanni Tedeschi, created in the 17th century.

Before we enter via Porta Nuova, note **the plaque** above on the left **in memory of** the lawyer **Giorgio Maccaferri**, who died for freedom during the Second World War. When the fascists found out that Maccaferri had been part of the liberation movement, they tortured him to death and abandoned his body here.

From the Gateway of Porta Nuova to via Mario Finzi

And here we are at the **Gateway of Porta Nuova**, the defensive enclosure opened in the second ring of city walls, which today is almost entirely demolished. It is one of the four fortifications remaining out of an original total of 18 in the del Mille ring of city walls, built in the 12th century. Here it is said that a certain Gentile Budrioli lived, a noblewoman who was accused of witchcraft, condemned by the Tribunal of the Inquisition – which in Bologna was in San Domenico – and burned at the stake towards the end of the 15th century. The name of the gateway comes from the road onto which it opens, Porta Nuova, and if you follow it you will arrive directly in piazza Maggiore in less than 10 minutes.

We continue our route turning immediately to the right onto **the street dedicated to** a victim of the Holocaust, **Mario Finzi**, a musician and magistrate of Jewish origin who was committed to the Resistance, helping those Jews fleeing from persecution by providing them with fake documents and refuge. He was arrested in 1944 and held in the prison of San Giovanni in Monte, the former convent attached to the church of the same name, in Bologna, then transferred to the concentration camp at Fossoli, in the province of Modena, and then sent to Germany, where he died at Auschwitz. It was the sad trail that led from Bologna to the concentration camps in Germany. Note that in 1985 the prison was moved to Dozza, in the outskirts of Bologna, and San Giovanni in Monte, after restoration, became the seat of the university departments of history and archaeology.

Walking along the street we find, on the façade of the Synagogue of Bologna, a **plaque in memory of the victims of the Shoah**, which opens with this verse taken from the Book of Lamentations: "Oh listen, all you peoples, and witness my suffering." Let us read an extract: "The Israelite community of Bologna will remember forever its rabbis and its members, deported never to return, our six million brothers, victims of execrable racial hatred, and we bear witness to a violated society, to the exaltation of the eternal ideals of justice, liberty and peace...."

A little further on, still on the left, we come to the **Orthodox Monastery of St Serafino of Sarov**; see the small crucifix fixed above the oval window.

Before turning right onto via Barberia, have a look at the former name of the street that we have just travelled down, as you can read from the plaque, it used to be vicolo Tintinaga, a word that in Bolognese dialect means "inconclusive", and even before that it was via Rocca Merlata (which means "crenellated"), because it ran alongside the crenellated wall of the second ring of city walls.

From via Barberia to via Nosadella

We are now on **via Barberia**. The etymology of the name is uncertain: one of the most substantiated theories associates it with the term "barbarian", because it was mostly foreigners who lived in this quarter, hence the name. To our right we have **Palazzo Dondini**, acquired by the Dondini-Ghiselli family from which it takes its name in the 18th century. The Dondini-Ghiselli family was one of the noble families that made up the Bolognese senate. The design of the Palazzo is by Antonio Torreggiani, on top of the pre-existing crenellated house, and also includes the raised garden that overlooks piazza Malpighi, which at one time was a riding school.

Moving to the other side of via Barberia, crossing the street, opposite the above-mentioned Palazzo Dondini, we find ourselves in front of the building that used to be Dondini House, situated precisely on 34 via Barberia and 2 via Nosadella. Keep this building in mind.

Now we enter **via Nosadella**, still skirting Casa Dondini, keeping to the side of the even numbers. The street owes its name to the fact that it was built on a walnut grove, and its existence is already documented by the end of the 13th century. It runs from piazza Malpighi to the 15th-century Palazzo Albergati, on the corner with via Saragozza. On this street lived the famous mannerist painter **Giovanni Francesco Bezzi**, known as **the Nosadella**, whose painting *La Vergine col Bambino in gloria* sits in the oratory of Santa Maria della Vita, in via Clavature, a few steps from piazza Maggiore, and, still in the same church, we can also find the well-known *Compianto del Cristo morto* by Niccolò dell'Arca, seven life-size statues rendered in terracotta in the 15th century.

Via Nosadella was always characterised by the many orders and religious societies that settled there. At number 4, the building number that is reached by crossing via del Fossato, rises the **Santuario di Santa Maria Regina dei Cieli** or **della Madonna dei Poveri**, erected at the end of the 16th century, and from 1912 entrusted to the Priests of the Sacred Heart founded by Father Dehon, from whom the name Dehonian comes from. It was first a lodging for travellers and pilgrims, run by the order of Santa Maria delle Laudi, and following that another order took its place, dedicated to the Blessed Mary, that was inspired by the Christian teachings of piety, humility and peace. The monks of the order were very poor, and so the church also came to be called Madonna dei Poveri (Madonna of the Poor).

The whole area was frequently ravaged by epidemics, and so many went to pray to the *Madonna col Bambino*, kept in the church, which began to receive ever more faithful. The image of the Madonna used to be carried in a procession up to the Basilica of San Petronio for the annual benediction, during the harvest celebration. It was a very popular procession, similar to that of the Madonna of San Luca. We should remember that, until around the middle of the 1800s before the reconstruction of Porta Saragozza, the Madonna of San Luca paused right here, at the Sanctuary of the Madonna of the Poor, and on the way back at the Colle della Guardia. To this day the Madonna of San Luca passes by via Nosadella on the way back, and to honour her drapes are hung from the windows.

Looking at the façade of the church, also comprising the 15th-century portico, one can clearly see that the building consists of two floors, on the ground floor is the church and on the floor above is the oratory. The statues, which are from the 17th century like the façade, represent St Giovanni Battista and Giovanni Evangelista.

Inside, the remains of a fresco from the 15th century, the *Madonna con Bambino e Santi*, which are still visible, deserve special mention. We should also note the exquisite organ from 1668, by Traeri from Modena, the 16th-century paintings of Lionello Spada, Lucio Massari and Giovanni Francesco Gessi on the sides and, on the greater altar, the *Madonna dei Poveri* attributed to Tiburzio Passerotti.

Piròn and the monks

It is right here that in the late 1800s our baker lived and worked. We say lived and worked because at the time a craftsman worked day and night, without a break, he slept in the workshop and the work was very hard. Just think that as far as lighting was concerned, the lamps – known as *lampiòn* in Bolognese dialect – were gaslights and were only present in some parts of the city, in our area in piazza Malpighi; wood or coke was used as fuel; and the provision of water was still problematic. The latter was also because the Roman aqueduct was only renovated in 1881, but the canals continued to provide water for many uses, at times even for cooking purposes, and the drinking water that was drawn from wells was also contaminated by leakages from the sewage system, so the sanitary conditions were extremely precarious. Don't forget, too, that transport vehicles were drawn by horses or other animals, when goods were not carried "over the shoulder" and, also in those years, the construction of the tramway with horse-drawn carriages began. The arrival of electricity did not come about until the beginning of the next century.

Returning to our Piròn, at number 2 Nosadella, which we mentioned earlier, the old property register lists a bakery, in addition to a tobacco shop and a "acquavitaro", that is to say a distiller or a liquor seller. Furthermore, a famous **song by Carlo Musi** – an actor and songwriter who wrote in dialect and lived at the turn of the century – called *Piròn el Furnàr*, from 1883, places him exactly "In prinzéppi dla Nusadèla, quèsi indrétt a Sant Isî", that is, at the beginning of via Nosadella, almost opposite via St Isaia, which is the road that via Nosadella crosses from the left-hand side and that then becomes via Barberia. The first verse of the song goes like this:

In prinzéppi dla Nusadèla,
quèsi indrétt a Sant Isî,
ai stà al nòster bèl Piròn
quall ch'vannd al pan. [...]

Which translated is: "At the top of Nosadella / almost in front of St Isaia / is our good man Pietrone / who sells bread."

As well as having our Piròn as its protagonist, the song also includes the monks of the adjoining church as speakers, that is to say presumably the monks of the Sanctuary of the Madonna of the Poor, at number 4 Nosadella, of whom we have just spoken. On the day the procession of the Madonna of San Luca passes, for the Feast of the Decorations (a day celebrated in Bolognese tradition and named after the drapes hung in the windows for the procession of the Madonna di San Luca), the monks shut Piròn inside the monastery to pray with them. Piròn had had one too many to drink and the monks played a good joke on him. Our hero argues that he's Piròn not a monk, and indeed he knows none of the prayers, and he invites the Abbot to check his shop, in via Nosadella: if no Piròn is to be found there, the Abbot must draw the obvious conclusion. But the Abbot, who wants to prolong the joke, insinuates that Piròn is in his shop working. At that point Piròn, to break the impasse, resolves it in the best way possible, saying that perhaps he's no longer himself! In fact, the final verse goes like this:

Se per caso Pietrone ci fosse
in bottega a lavorar?
E me alàura in st chès che qué
a n sàn pió mé, a n sàn pió mé!
A n sò brîsa pròpri d bàn
s'a sàn da bûrla opûr da bàn.

Piròn's response to the Abbot sounds like this: "And in that case / I am no longer me, I'm no longer me! / I really don't know / whether this is a joke or the real thing." The song appeared in dialect on the first LP of Dino Sarti, the great singer from Bologna, released in 1972. The record was a huge hit on a national scale, bringing Bologna and its cabaret scene into the limelight.

From via del Fossato to vicolo della Neve

We'll let Piròn calm down after his high jinks and pick up our route, entering **via del Fossato.** As the name "fossato" (moat) suggests, it used to be the moat that encircled the del Mille city walls that we have referred to several times. The old name was Fregatette, as can be seen from the inscription underneath the sign, about whose origin there are a couple of theories: one makes reference to the fact that it used to be a very narrow street – there were several in Bologna of the same name – in which the roofs in certain points were very close, almost touching. The second theory instead links it to the tradition of prostitutes, who came to Bologna from all over Italy when the city, after the foundation of the University in 1088, saw its population increase dramatically, becoming equal to that of Paris at the time.

We should remember that in the past in Bologna, the naming of streets and squares was not regulated, so public spaces took their names, for example, from those who lived there – we have seen that presumably strangers, barbarians, lived on via Barberia – from the trees that grew there – which is the case for our via Nosadella, a noun that is derived from the presence of a walnut grove, but also, to give another example, of via Frassinago that is in the neighbourhood, from the fame that certain places had. In particular, the streets that we are walking along housed the sacred and the profane side by side: they were home to religious orders and societies, institutions for the poor and hospitals, merchants, students and prostitutes. This is why, at the time of the Counter-Reformation after the mid-16th century, certain notorious names were rechristened, as in the case of Fregatette which became via del Fossato.

Having touched upon these curiosities, let's walk along the street; a short way ahead, on the left, note the **uncovered section of the ancient del Mille walls** in which an arch is clearly visible. Continuing again, still on the left and raising our gaze a little, we have a **niche for St Antonio**, at the crossing with **vicolo Stradellaccio**.

Let's just say a few words about this street, which we will not visit. On the right there used to be a tower – we know that Bologna had around a hundred of them – called the Gualenghi Tower, from the name of the family to whom it belonged, and the street was called in fact via Torre dei Gualenghi (Gualenghi Tower).

In the Mediaeval period, for reasons of defence and then of prestige, **towers** began to be built that were originally intended as lookouts for spotting the enemy. But in just a few centuries many towers began to collapse owing to a lack of renovation or poorly executed restructuring works, and so they were often truncated, that is, reduced in height, and turned into covered roof terraces. As complementary structures to the residences below, the roof terraces were in any case able to fulfil the function of observatory and were also frequently used to keep doves. From a structural viewpoint, they can be equipped with roofs and walls or configured as open or closed terraces. In the area in which we find ourselves, to see them all you need to do is look up; retracing our steps, you can easily identify some, for example, that of **Palazzo Monti,** in via Barberia at the crossing with via Cesare Battisti, which is of unusual dimensions, configured almost as a keep, reaching a height of almost 20 metres, and with large, arched windows all the way round. If you then walk down via Nosadella to the end of the street, arriving in via Saragozza, you will be able to glimpse the roof terrace of Palazzo Albergati. Note that, in respect to the dimensions of the building and contrary to the Renaissance custom, the roof terrace is of a modest size – presumably this is because it would have been too indiscreet given the presence of what was at the time a cloistered convent across the street.

From via del Fossato we turn to our right and enter **vicolo della Neve**. The name comes from **the Church of Santa Maria della Neve** (the Church of St Mary of the Snow), at number 5, from the 17th century, closed for worship by the pro-Napoleonic government of the city. Before that it was a small church, called Madonna dell'Orto (the Madonna of the Orchard) – whose name tells us something about the surrounding land. It appeared towards the end of the 15th century, and in time became the seat of the Company of St Mary of the Snow. The latter was aggregated into the Roman Archconfraternity of St Mary of the Snow that gave the go ahead for the reconstruction of the church, covering the oratory with decorations by the Rolli brothers that are visible today. The origin of the Archconfraternity is traditionally attributed to the apparition of the Virgin Mary to a Roman couple: to show them where they should build the Church of Santa Maria Maggiore, in Rome, the Madonna caused snow to fall in that precise spot, in the middle of August.

Via Ca' Selvatica to via Santa Caterina

At the end of the street, we cross via Nosadella and enter **via Ca' Selvatica**. The name (from the word "wild") could refer as much to the surrounding plants, given that there were many trees in the area, as in a figurative sense to the wild branches of a city, those that grow of their own accord, and therefore also to the people who were born without a name, outside of the known families or in any case outside the normal routes: it is said in fact that it was a placed intended for the houses of prostitutes. During the period of the Counter-Reformation they attempted to rechristen it with the name via delle Suore degli Angeli, owing to the presence of a monastic order of that name in the complex that extends from the left-hand side of Ca' Selvatica up to via Nosadella, but the attempt failed over time, and its name remains Ca' Selvatica.

Entering the street, up to the crossing with via Santa Caterina, note, on the right-hand side, **the votive niche containing the statue of the Madonna** and the plaque above it, on which you can read the following words: "On 22 July 1855, in this street the disease of cholera was stopped by the grace of the Madonna." In the summer of that year in fact, an epidemic of cholera had broken out that had killed thousands of victims. At the time, cholera was an illness whose causes were almost entirely unknown, and so many people had fled to the countryside to escape the disease and the public authorities tried to take remedial action, opening hospitals and isolation wards, but they encountered significant obstacles because of the terrible sanitary conditions in the city – to which we have already referred in the course of our journey. It was not yet known that cholera spreads primarily via contaminated water.

At this point, before returning to via Nosadella, let's talk for moment about **via Santa Caterina**, which we will not visit. The name is derived from the Church of Santa Caterina, built in the 13th century. On the left-hand side we can glimpse the walls erected to protect the cloister of the monastery, while on the right we have the low second-century portico. In the past it was called via Pizzamorti, perhaps because undertakers lived there, and then via Borgo degli Sbirri, because guards dwelt there with their families. Even today the street is sometimes affectionately called Borghetto di Santa Caterina or via del Borghetto by the inhabitants of Bologna.

Dear porticos...

Walking back up via Ca' Selvatica, here we are again at the crossing with via Nosadella: before turning left and going to meet the daughter of **Piròn el Furnàr**, Angela, at number 7/^A, in her shop, let's say a few words about the porticos of Bologna.

The first **porticos** appeared in the Mediaeval period, on the initiative of private citizens who began to cover the open spaces in front of houses that overlooked the street, with the objective of enlarging them and protecting themselves better from the cold. These "sporti", that is to say "protrusions", from which the name "porticos" comes, were created by simply lengthening the first-floor ceilings, propping them up diagonally and resting them on columns. Initially the idea was just to enlarge the houses, which were always too pokey, and then they thought of exploiting them commercially. They began offering lodgings for rent to anyone who needed them, from occasional visitors to Bologna to students, who converged in large numbers on Bologna thanks to the university. Furthermore, for the residents of the city they were very useful, because in that way they were able to avoid walking on the roads pounded by carts and animals. After a time, the city imposed some rules to which the porticos had to conform, becoming in this way private spaces for public use: the first structures in wood gave way to those in stone and they had to be high enough to allow a man on a horse to pass underneath them. In Bologna there is still the occasional portico in wood remaining, for example, that in **via del Carro**, a stone's throw from the Two Towers.

The porticos of via Nosadella are from the late Mediaeval period; they are fairly low – as you can see – continuous and with many tricks of perspective to make them seem taller.

The real story of Piròn

Now turning to the right and staying underneath the portico on the side of the odd numbers, while we approach the shop of *Piròn el Furnàr*, at **number 7/ᴬ**, I'll tell you his story.

Our baker, Mr Luciano, was born in the thirties of the previous century, and began to work, as was then common, when he was still a child, at around 10 years old. At the beginning, just after the war, he worked at a fruit and vegetable shop, but he didn't like being in the cold and understood straight away that that was not the path for him. And so he searched and searched, arrived at a bakery, a much warmer and more welcoming environment for him, and began his profession.

In the years of the reconstruction he was the shop boy at the Panificio Lambertini, which at the time had as many as seven shops in the old town, including bakeries and bars. He travelled around the city by bicycle delivering bread twice a day: early in the morning, for breakfast, and around midday, for lunch. At the time bread was the basis of the diet, and whoever did that profession really knew everyone. At work he was much liked and often received a bottle of wine in addition to his pay.

Then came the economic miracle. To Piròn it was like a dream: he was the salesman for the Lambertini bakery, and he was smartly dressed and surrounded by people, something he'd always loved. He was very sociable, cheerful and always ready with a joke. He wanted to learn everything, was motivated by a great curiosity and was bursting with energy and ideas. He had a great inner strength that drove him, a great desire for freedom:

he wanted to prove to himself and to others that he too was good enough, even though he hadn't studied and was born into a poor family. He sent his pay home to his mother for as long as she needed it, and in this way many years went by.

He worked for around a year at the Forno delle sorelle Simili, in via San Felice, until he met a certain Mr Rondelli, who had two bakeries, one in via Turati and one in the vicinity of Porta Lame, and he asked him to manage the second one. By then he was a grown man and he became the manager of the shop. It was the place he loved the most, the memory of which he carried with him always. He tended to every aspect of it: he changed the shop windows, took care of the orders, went to fetch the bread and delivered it, by now in a car, no longer by bicycle. It was a big step up.

When the owner, who was then old, stopped working, he offered Piròn the possibility of taking his place in the shop in via Turati. It is there that he met his future wife, Mrs Rosanna, with whom he stayed for the rest of his life. In her family her mother made the pasta and the daughters were the shop assistants in the bakery: two families from Bologna who'd always been part of the industry.

Piròn also wanted to improve his quality of life: his was the first bakery to close one day a week, on a Sunday. Until then, the bakeries had stayed open every day, including Sunday, when they would do a half day, until three in the afternoon. The life of a baker started at nine in the evening and ended at around eleven the next morning, and at times, for bread that is double- and triple-baked, they even finished at three in the afternoon of the next day; moreover, the ovens were fuelled by coal, as in the 1800s.

After a few years Mr Luciano arrived in via Nosadella, which practically became his home. In 1967 he bought the bakery licence from the Lambertini family and for a couple of years he left it to his brother-in-law, while he continued to manage the bakery at via Turati, thus succeeding him to all intents and purposes. At the time it was a depressing shop in every sense, it needed relaunching and renovating: the oven where the bread was cooked was still built with the hole in the old style, so to put the bread in the oven it was necessary to go down a few steps. It was an extra effort for a baker whose life was already anything but easy. But his will was strong: he made himself known, he turned around the shop's fortunes and he renovated it more than once, until it became the design you see today.

Mr Luciano was a very smart, well-informed man, who kept up with the developments of the day, and he was also a great joker.

We're talking about the Livorno Prank, in 1984, when, on the occasion of the centenary of the birth of Amedeo Modigliani, the Progressive Museum of Contemporary Art of Livorno set up an exhibition in his honour and gave the go ahead for excavations in the Mediceo moat, where it was said that Modigliani had thrown some of his sculptures in a moment of dejection. After a good eight years, when they'd already given up hope, three stone sculptures of heads surfaced. The critics, along with the rest of Italy, were divided in two: those who attributed them to Modigliani and those who decried them as fakes. But the result was fantastic for Livorno: tourists and the media flocked to the city from all over the world to admire the discoveries. However, on the day the statues were to be declared legitimate, three youngsters from Livorno claimed to be the sculptors of one of the statues and to have made it not with a chisel but with an electric drill!

Our Piròn, who knew lots of people, also knew a famous antiquarian in Bologna. The two of them put together a joke: they made a sculpture of bread, put it in the shop window and wrote a sign saying: "This is the authentic Modigliani made by Piròn". *A journalist from* Il Resto Del Carlino *(a local newspaper) arrived and photographed the work. On the news on TV on Monday evening, when the subject of the Livorno Prank came up, Piròn was mentioned, the baker from Bologna who followed up the prank of the youngsters. He was delighted, everyone telephoned to congratulate him; he left the sculpture in the shop window for months and everyone came by to look at it and photograph it, a really exceptional thing at the time.*

Mr Luciano also had an artistic eye, he was a lover of beauty. He bought a Bruno Saetti painting, painted in 1936 and of which the painter was very fond, for his daughter when she was still a child, because it reminded him of a particularly happy period of his life: it consisted of an oil painting of a cow and her calf. On that occasion, recalls his daughter Angela, the painter had told her that her father had given her a really special gift and for her that was truly a good introduction to the world of art.

Angela has inherited everything from her father, in every sense. Today it is she who manages the shop, with her mother Rosanna, her husband Werther and her employees. To stay up to date with the times, she has undertaken many baking, pastry-making and chocolate-making courses, in so doing refining her skills and significantly expanding her range of artisanal products. To cite just one of her successes, in 2014 she won joint first prize with the Bakery of Porta Lame for the best artisanal panettone in the competition run by the Panificatori di Bologna (the association of bakers of Bologna) in collaboration with Il Resto del Carlino. *It was truly a great satisfaction for the whole family: one can only imagine the joy of their son, Elia, who at the time was just a little boy.*

A celebration that she never misses is the Feast of Bread, during which the shop and the portico in front are decorated with sculptures she's made, a real feast for the eyes and the palate

You can also find **Piròn el Furnàr** on *Facebook*, but now we've arrived right in front of it: we're at 7/^A via Nosadella, where the staff are ready to welcome you with all the sweetness and know-how that sets them apart. My company ends here and I wish you a pleasant visit. Thank you and goodbye.

Thank you, dad, his daughter Angela suggests I write at the end, and I too feel that I'd like to add my thanks to Mr Luciano, known as Piròn.

Valeria Riguzzi
Redattrice libera professionista, esperienza ventennale, traduttrice dal francese, laurea in Filosofia all'Università di Bologna, ama di tutto un po' tra cui anche la scrittura...

A freelance editor with twenty years' experience, a translator of French and with a degree in philosophy from the University of Bologna, she loves a bit of everything including writing...

Angela Bai
Lavoro e passione, in lei, vanno di pari passo, dalla panificazione all'arte della sfoglia alla pasticceria.

Work and passion go hand in hand for her, from bread-making to the art of hand-made pasta to crafting pastries.

© Valeria Riguzzi - Aprile 2018
© Mnamon - Aprile 2018
ISBN 9788869492631
In copertina: Piròn in bicicletta con il cesto del pane
On the cover: Piròn on a bicycle with the bread basket

www.ingramcontent.com/pod-product-compliance
Lightning Source LLC
Chambersburg PA
CBHW031501040426
42444CB00007B/1171